基本的低脂食谱

100好吃
控制体重的低脂食谱

哈利摩尔

版权所有。

免责声明

包含的信息旨在作为本电子书作者研究过的策略的综合集合。总结、策略、提示和技巧仅由作者推荐，阅读本电子书并不能保证您的结果与作者的结果完全一致。电子书的作者已尽一切合理努力为电子书的读者提供最新和准确的信息。作者及其同事对可能发现的任何无意错误或遗漏概不负责。电子书中的材料可能包含第三方提供的信息。第三方材料包括其所有者表达的意见。因此电子书的作者不对任何第三方材料或意见承担任何责任或义务。

电子书版权所有 © 2022，保留所有权利。重新分发、复制本电子书的全部或部分内容或创建衍生作品是违法的。未经作者书面许可和签字许可，不得以任何形式复制或转发本报告的任何部分。

综合指数

- 介绍 6
- 早餐 7
  - 燕麦早餐 7
  - 燕麦酸奶早餐 9
  - 蓝莓香草隔夜燕麦 12
  - 苹果燕麦片 14
  - 杏仁黄油香蕉燕麦 16
  - 椰子石榴燕麦片 18
  - 鸡蛋披萨皮 20
  - 煎蛋卷配蔬菜 21
  - 鸡蛋松饼 23
  - 烟熏三文鱼炒鸡蛋 25
  - 牛排和鸡蛋 27
  - 蛋烤 29
  - 菜肉馅煎蛋饼 31
  - Naan／煎饼／可丽饼 33
  - 西葫芦煎饼 35
  - 美味的馅饼皮 37
  - 乳蛋饼 39
  - 干酪芝麻球 41
  - 鹰嘴豆泥 41
  - 鳄梨 44
  - 茄泥酱 46
  - Espinacase la Catalana 48
  - 橄榄酱 50
  - 红辣椒蘸酱 52
  - 茄子和酸奶 54
- 冰沙 56
  - 羽衣甘蓝奇异果冰沙 56
  - 西葫芦苹果冰沙 58
  - 蒲公英冰沙 60
  - 沙拉冰沙 63
  - 鳄梨甘蓝冰沙 64

豆瓣冰沙	65
甜菜绿冰沙	66
西兰花韭菜黄瓜冰沙	67
可可菠菜冰沙	69
亚麻杏仁黄油冰沙	70
苹果甘蓝冰沙	71
冰山桃冰沙	73

甜点 75
- 蟹饼 75
- 甜馅饼皮 77
- 苹果派 79
- 水果蘸巧克力 81
- 无烘烤曲奇饼 83
- 生布朗尼 85
- 冰淇淋 87
- 苹果香料曲奇 88

汤 90
- 西兰花奶油汤 90
- 扁豆汤 92
- 冷黄瓜鳄梨汤 94
- 加斯帕乔 96
- 意大利牛肉汤 98
- 奶油烤蘑菇 100
- 黑豆汤 102
- 南瓜汤 106
- 羽衣甘蓝白豆猪肉汤 108
- 希腊柠檬鸡汤 110
- 蛋花汤 112
- 奶油番茄罗勒汤 114

主菜 116
- 炖扁豆 116
- 牛肉炖青豆 118
- 白鸡辣椒 120
- 羽衣甘蓝猪肉 122
- 南瓜花椰菜咖喱 124

克罗克波特红咖喱羊肉………………………………126
易扁豆达尔………………………………………………128
秋葵………………………………………………………130
鹰嘴豆咖喱………………………………………………132
红咖喱鸡…………………………………………………133
猪肉炖青豆………………………………………………135
料理鼠王…………………………………………………137
烤牛肉……………………………………………………139
青葱牛里脊………………………………………………141
辣椒………………………………………………………143
釉面肉饼…………………………………………………145
茄子宽面条………………………………………………147
酿茄子……………………………………………………149
酿红辣椒牛肉……………………………………………151
超级炖牛肉………………………………………………153
Frijoles Charros………………………………………155
鸡肉卡西亚托雷…………………………………………157
白菜炖肉…………………………………………………159
豌豆胡萝卜炖牛肉………………………………………161
青炖鸡……………………………………………………163
爱尔兰炖肉………………………………………………165
匈牙利豌豆炖……………………………………………167
鸡肉提卡马萨拉…………………………………………169
红豆炖肉…………………………………………………173
羊肉红薯炖………………………………………………175
烤鸡胸肉…………………………………………………177
迷迭香烤鸡………………………………………………179
卡恩浅田…………………………………………………181
橙椰子比目鱼……………………………………………184
烤三文鱼…………………………………………………186

结论………………………………………………………188

介绍

低脂饮食是一种限制脂肪的饮食，通常也限制饱和脂肪和胆固醇。低脂饮食旨在减少心脏病和肥胖等疾病的发生。对于减肥，它们的表现类似于低碳水化合物饮食，因为大量营养素的组成并不能决定减肥的成功。脂肪每克提供九卡路里，而碳水化合物和蛋白质每克提供四卡路里。医学研究所建议将脂肪摄入量限制在总热量的35%以内，以控制饱和脂肪的摄入量。

虽然脂肪是一个人饮食的重要组成部分，但也有"好脂肪"和"坏脂肪"之分。了解差异可以帮助一个人对他们的膳食做出明智的选择。

如果您遵循健康、均衡的饮食习惯，通常没有必要限制脂肪摄入量。然而，在某些情况下，限制饮食中的脂肪可能是有益的。

例如，如果您正在从胆囊手术中恢复或患有胆囊或胰腺疾病，建议您进行低脂饮食。
低脂饮食还可以预防胃灼热、减轻体重和改善胆固醇。

早餐

燕麦早餐

服务 1

- ·1杯熟燕麦片
- ·1茶匙。地面的亚麻种子
- ·1茶匙。向日葵种子
- ·少许肉桂
- ·一半茶匙。可可

a) 用热水煮燕麦片,然后混合所有成分。
b) 如果你不得不用几滴生蜂蜜来变甜。
c) 可选:您可以用南瓜籽或奇亚籽代替葵花籽。
d) 你可以加一把蓝莓或任何浆果来代替可可。

燕麦酸奶早餐

服务 1

- 1/2 杯干燕麦片
- 少量蓝莓（可选）
- 1 杯低脂酸奶

a) 混合所有成分并等待 20 分钟，如果使用钢切燕麦，则在冰箱中放置过夜。
b) 服务

可可燕麦片

服务 1

原料 -

- ·1/2 杯燕麦
- ·2 杯水
- ·一撮茶匙。盐
- ·1/2 茶匙。地面香草豆
- ·2 汤匙。可可粉
- ·1 汤匙。生的蜂蜜
- ·2 汤匙。地面亚麻种子粉
- ·少许肉桂
- ·2 个蛋清

指示

a) 在高温下的平底锅中，放入燕麦和盐。盖上 3 杯水。煮沸并煮 3-5 分钟，偶尔搅拌。如有必要，随着混合物变稠，继续加入 1/2 杯水。

b) 在一个单独的碗中，搅拌 4 汤匙。水入 4 汤匙。可可粉形成光滑的酱汁。将香草加入锅中并搅拌。

c) 把热量调低。加入蛋清并立即搅拌。加入亚麻粉和肉桂。搅拌混合。从火上移开，加入生蜂蜜，立即食用。

d) 配料建议：草莓片、蓝莓或少量杏仁。

蓝莓香草隔夜燕麦

服务 1

原料

- ·1/2 杯燕麦
- ·1/3 杯水
- ·1/4 杯低脂酸奶
- ·1/2 茶匙。地面香草豆
- ·1 汤匙。亚麻种子粉
- ·一撮盐
- ·蓝莓,杏仁,黑莓,生的蜂蜜浇头

指示

a) 晚上将配料（浇头除外）加入碗中。冷藏过夜。
b) 早上，搅拌混合物。它应该很厚。添加您选择的浇头。

苹果燕麦片

服务 1

原料

- ·1 个磨碎的苹果
- ·1/2 杯燕麦
- ·1 杯水
- ·少许肉桂
- ·2 茶匙。生的蜂蜜

指示

a) 将燕麦与水一起煮 3-5 分钟。

b) 加入磨碎的苹果和肉桂。拌入生蜂蜜。

杏仁黄油香蕉燕麦

服务 1

原料

- ·1/2 杯燕麦
- ·3/4 杯水
- ·1 个蛋清
- ·1 根香蕉
- ·1 汤匙。亚麻种子粉
- ·1 茶匙生的蜂蜜
- ·捏肉桂
- ·1/2 汤匙。杏仁牛油

指示

a) 将燕麦和水混合在一个碗里。打蛋清,然后和生燕麦一起搅拌。在炉灶上煮沸。检查稠度并根据需要继续加热,直到燕麦蓬松厚实。将香蕉捣碎并加入燕麦中。加热1分钟

b) 加入亚麻、生蜂蜜和肉桂。顶配杏仁黄油!

椰子石榴燕麦片

服务 1

原料

- ·1/2 杯燕麦
- ·1/3 杯椰奶
- ·1 杯水
- ·2 汤匙。不加糖的椰丝
- ·1-2 汤匙。亚麻种子粉
- ·1 汤匙。生的蜂蜜
- ·3 汤匙。石榴籽

指示

a) 用椰奶、水和盐煮燕麦。

b) 加入椰子、生蜂蜜和亚麻籽粉。撒上额外的椰子和石榴籽。

鸡蛋披萨皮

原料 -

- ·3 个鸡蛋
- ·1/2 杯椰子粉
- ·1 杯椰奶
- ·1 个压碎的蒜瓣

a) 混合并制作煎蛋卷。
b) 服务

煎蛋卷配蔬菜

服务 1

原料 -

- ·2 个大鸡蛋
- ·盐
- ·G 圆形黑胡椒
- ·1 茶匙。橄榄油 或者孜然油
- ·1 杯菠菜、樱桃番茄和 1 勺酸奶奶酪
- ·碎红辣椒片和一小撮莳萝

指示

a) 在一个小碗里搅拌 2 个大鸡蛋。用盐和黑胡椒粉调味,放在一边。加热 1 茶匙。橄榄油在中等平底锅中用中火加热。

b) 加入小菠菜、西红柿、奶酪,然后煮,搅拌,直到枯萎(约 1 分钟)。

c) 加入鸡蛋;做饭,偶尔搅拌,直到刚刚凝固,大约 1 分钟。拌入奶酪。

d) 撒上碎红辣椒片和莳萝。

鸡蛋松饼

原料

服务：8 个松饼

- ·8 个鸡蛋
- ·1 杯青椒丁
- ·1 杯洋葱丁
- ·1 杯菠菜
- ·1/4 茶匙。盐
- ·1/8 茶匙。黑胡椒粉
- ·2 汤匙。水

指示

a) 将烤箱加热至华氏 350 度。在 8 个松饼杯上加油。

b) 一起打鸡蛋。

c) 加入甜椒、菠菜、洋葱、盐、黑胡椒和水。将混合物倒入松饼杯中。

d) 在烤箱中烘烤，直到松饼在中间完成。

烟熏三文鱼炒鸡蛋

原料，发球 2 -

- 1 茶匙椰子油
- 4 个鸡蛋
- 1 汤匙水
- 4 盎司烟熏三文鱼，切片
- 1/2 鳄梨
- 黑胡椒粉，品尝
- 4 根细香葱，切碎（或使用 1 根葱，切成薄片）

指示

a) 用中火加热平底锅。

b) 热时在锅中加入椰子油。

c) 与此同时,炒鸡蛋。在热锅中加入鸡蛋和熏鲑鱼。不断搅拌,将鸡蛋煮至柔软蓬松。

d) 从热源中取出。顶部放上鳄梨、黑胡椒和细香葱即可食用。

牛排和鸡蛋

服务 2

原料 -

- ・1/2 磅 无骨牛排或猪里脊肉
- ・1/4 茶匙黑胡椒粉
- ・1/4 茶匙海盐（可选）
- ・2 茶匙椰子油
- ・1/4 洋葱，切丁
- ・1 个红甜椒，切丁
- ・1 把菠菜或芝麻菜
- ・2 个蛋

指示

a) 用海盐和黑胡椒调味切好的牛排或猪里脊肉。用高温加热炒锅。锅热时加入1茶匙椰子油、洋葱和肉,炒至牛排稍微煮熟。

b) 加入菠菜和红甜椒,煮至牛排熟到你喜欢的程度。与此同时,用中火加热一个小煎锅。加入剩余的椰子油,煎两个鸡蛋。

c) 在每块牛排上放一个煎蛋即可食用。

蛋烤

原料 -

服务 6

- ·2 杯切碎的红辣椒或菠菜
- ·1 杯西葫芦
- ·2 汤匙。椰子油
- ·1 杯蘑菇片
- ·1/2 杯 洋葱片
- ·8 个鸡蛋
- ·1 杯椰奶
- ·1/2 杯杏仁面粉
- ·2 汤匙。切碎的新鲜欧芹

- · 1/2 茶匙。干罗勒
- · 1/2 茶匙。盐
- · 1/4 茶匙。黑胡椒粉

指示

a) 将烤箱预热至华氏 350 度。将椰子油放入平底锅中。把它加热到中火。加入蘑菇、洋葱、西葫芦和红辣椒（或菠菜），直到蔬菜变软，大约 5 分钟。沥干蔬菜并将它们铺在烤盘上。

b) 用牛奶、面粉、欧芹、罗勒、盐和胡椒在碗里打鸡蛋。将鸡蛋混合物倒入烤盘中。

c) 在预热的烤箱中烘烤，直到中心凝固（大约 35 到 40 分钟）。

菜肉馅煎蛋饼

6 份

原料-

- · 2 汤匙。橄榄油 或者牛油果油
- · 1 西葫芦，切片
- · 1 杯撕碎的新鲜菠菜
- · 2 汤匙。切好的葱
- · 1 茶匙。捣碎的大蒜，盐和胡椒粉调味
- · 1/3 杯椰奶
- · 6 个鸡蛋

指示

a) 在平底锅中用中火加热橄榄油。加入西葫芦,煮至嫩。拌入菠菜、大葱和大蒜。用盐和胡椒调味。继续烹饪直到菠菜枯萎。

b) 在一个单独的碗里,把鸡蛋和椰奶搅拌在一起。倒入平底锅中的蔬菜。把火调小,盖上盖子,煮到鸡蛋变硬(5到7分钟)。

Naan / 煎饼 / 可丽饼

原料

- ·1/2 杯杏仁面粉
- ·1/2 杯木薯粉
- ·1 杯椰奶
- ·小号 alt
- ·椰子油

指示

a) 将所有成分混合在一起。

b) 用中火加热平底锅，将面糊倒入所需的厚度。一旦面糊看起来很硬，把它翻过来煮另一面。

c) 如果你想让它成为甜点绉纱或煎饼，那么就不要加盐了。如果你愿意，你可以在面糊中加入蒜末或姜末，或者一些香料。

西葫芦煎饼

服务 3

原料

- ·2 个中等大小的西葫芦
- ·2 汤匙。切碎的洋葱
- ·3 打好的鸡蛋
- ·6 至 8 汤匙。杏仁面粉
- ·1 茶匙。盐
- ·1/2 茶匙。黑胡椒粉
- ·椰子油

指示

a) 将烤箱加热到华氏 300 度。

b) 将西葫芦磨碎放入碗中,加入洋葱和鸡蛋搅拌。加入 6 汤匙。面粉、盐和胡椒粉。

c) 用中火加热一个大炒锅,在锅中加入椰子油。当油热时,把火调到中低,把面糊加入锅里。煎饼每面煎约 2 分钟,直到变成褐色。将煎饼放入烤箱。

美味的馅饼皮

原料

- ·11/4 杯子 焯水杏仁面粉
- ·1/3 杯木薯粉
- ·3/4 茶匙。精细研磨的海盐
- ·3/4 茶匙。辣椒
- ·1/2 茶匙。孜然粉
- ·1/8 茶匙。磨碎的白胡椒
- ·1/4 杯椰子油
- ·1个大鸡蛋

指示

a) 将杏仁粉、木薯粉、海盐、香草、鸡蛋和椰子糖（如果使用椰子糖）放入食品加工机的碗中。处理 2-3 次合并。加入油和生蜂蜜（如果你使用生蜂蜜）并用几个一秒钟的脉冲脉冲，然后让食品加工机运行，直到混合物混合在一起。将面团移到保鲜膜上。把面团包好，然后压成一个 9 英寸的圆盘。冷藏 30 分钟。

b) 取下保鲜膜。将面团压在一个 9 英寸黄油馅饼盘的底部和两侧。将地壳的边缘卷曲一点。在冰箱中冷却 20 分钟。把烤架放在中间位置，把烤箱预热到 375F。放入烤箱，烤至金黄色。

乳蛋饼

服务 2-3

原料 -

- ·1 个预煮和冷却的咸味派皮
- ·8 盎司有机菠菜，煮熟并沥干
- ·6 盎司猪肉丁
- ·2 个中等大小的青葱，切成薄片并炒
- ·4 个大鸡蛋
- ·1 杯椰奶
- ·3/4 茶匙。盐
- ·1/4 茶匙。现磨黑胡椒

指示

a) 用椰子油将猪肉变成褐色,然后加入菠菜和青葱。完成后放在一边。

b) 将烤箱预热至 350F。在一个大碗里,混合鸡蛋、牛奶、盐和胡椒。搅拌至起泡。加入大约 3/4 的沥干的填充混合物,将另外 1/4 保留在"顶部"乳蛋饼上。将鸡蛋混合物倒入面包皮中,将剩余的馅料放在乳蛋饼上。

c) 将乳蛋饼放入中间架子中央的烤箱中,不受干扰地烘烤 45 到 50 分钟。

干酪芝麻球

原料

- 16 盎司农民奶酪或干酪
- 1 杯切碎的杏仁
- 1 杯和 1/2 杯燕麦片

a) 在一个大碗里,混合混合的干酪、杏仁和燕麦片。
b) 做球并滚入芝麻混合。

开胃菜

鹰嘴豆泥

原料

- ·2 杯煮熟的鹰嘴豆（鹰嘴豆）
- ·1/4 杯（59 毫升）新鲜柠檬汁
- ·1/4 杯（59 毫升）芝麻酱
- ·半个大蒜瓣，切碎
- ·2 汤匙。橄榄油 或者孜然油，加上更多的服务
- ·1/2 到 1 茶匙。盐
- ·1/2 茶匙。孜然粉
- ·2 到 3 汤匙。水
- ·少许辣椒粉供食用

指示

a) 将芝麻酱和柠檬汁混合，搅拌 1 分钟。在芝麻酱和柠檬混合物中加入橄榄油、蒜末、孜然和盐。处理 30 秒，刮掉侧面，然后再处理 30 秒。

b) 将一半鹰嘴豆加入食品加工机并加工 1 分钟。刮边，加入剩余的鹰嘴豆，加工 1 到 2 分钟。

c) 将鹰嘴豆泥倒入碗中，然后淋上约 1 汤匙的毛毛雨。在上面撒上橄榄油，撒上辣椒粉。

鳄梨

原料

- ・4 个成熟的鳄梨
- ・3 汤匙。鲜榨柠檬汁（1 个柠檬）
- ・8 滴辣椒酱
- ・1/2 杯洋葱丁
- ・1 个大蒜瓣，切碎
- ・1 茶匙。盐
- ・1 茶匙。黑胡椒粉
- ・1 个中等大小的番茄，去籽，切小丁

指示

a) 把鳄梨切成两半，去掉核，把果肉舀出来。

b) 立即加入柠檬汁、辣椒酱、大蒜、洋葱、盐和胡椒粉，搅拌均匀。将鳄梨切丁。加入西红柿。

c) 搅拌均匀，尝尝盐和胡椒的味道。

茄泥酱

原料

- ·1 个大茄子
- ·1/4 杯芝麻酱,根据需要添加更多
- ·3 瓣大蒜,切碎
- ·1/4 杯新鲜柠檬汁,根据需要添加更多
- ·1 捏碎孜然
- ·盐,品尝
- ·1 汤匙。特级初榨橄榄油 或者牛油果油
- ·1 汤匙。切碎的平叶欧芹
- ·1/4 杯盐水腌制黑橄榄,如卡拉马塔

指示：

a) 烤茄子10到15分钟。加热烤箱（375 F）。

b) 把茄子放在烤盘上烤15-20分钟或直到很软。从烤箱中取出，放凉，剥下并丢弃皮肤。将茄子肉放入碗中。用叉子把茄子捣成糊状。

c) 加入1/4杯芝麻酱、大蒜、孜然、1/4杯柠檬汁，搅拌均匀。加盐调味。把混合物转移到一个碗里，用勺子的背面铺开，形成一个浅井。在上面淋上橄榄油，撒上欧芹。

d) 在室温下食用。

Espinacase la Catalana

服务 4

原料

- ·2 杯菠菜
- ·2 瓣大蒜
- ·3 汤匙腰果
- ·3 汤匙干醋栗
- ·橄榄油或牛油果油

指示

a) 把菠菜洗干净,去掉茎。将菠菜蒸几分钟。

b) 大蒜去皮切片。倒入几汤匙橄榄油,盖在煎锅底部。用中火加热平底锅,炒大蒜 1-2 分钟。

c) 将腰果和黑醋栗加入锅中,继续炒 1 分钟。加入菠菜拌匀,涂上油。盐调味。

橄榄酱

原料

- · 1/2 磅 去核混合橄榄
- · 2 个凤尾鱼片，冲洗干净
- · 1 个小丁香大蒜，切碎
- · 2 汤匙。刺山柑
- · 2 到 3 片新鲜罗勒叶
- · 1 汤匙。鲜榨柠檬汁
- · 2 汤匙。特级初榨橄榄油 或者孜然油

指示

a) 用冷水冲洗橄榄。

b) 将所有原料放入食品加工机的碗中。过程结合，直到它变成一个粗糙的糊状物。

c) 转移到碗中食用

红辣椒蘸酱

原料

- ·1 磅红辣椒
- ·1 杯农民奶酪
- ·1/4 杯处女橄榄油 或者牛油果油
- ·1 汤匙蒜末
- ·柠檬汁、盐、罗勒、牛至、红辣椒片调味。

指示

a) 烤辣椒。盖上它们并冷却约 15 分钟。把辣椒去皮，去掉种子和茎。

b) 把辣椒切碎。将辣椒和大蒜转移到食品加工机中，加工至光滑。

c) 加入农民的奶酪和大蒜，加工至光滑。

d) 机器运转时，加入橄榄油和柠檬汁。加入罗勒、牛至、红辣椒片和 1/4 茶匙。盐，加工至光滑。

e) 调整调味料，调味。倒入碗中并冷藏。

茄子和酸奶

1 磅切碎的茄子

3 个未去皮的青葱

3 个未剥皮的蒜瓣

a) 将 1 磅切碎的茄子、3 个未去皮的青葱和 3 个未去皮的蒜瓣与 1/4 杯橄榄油、盐和胡椒粉混合在烤盘上。

b) 400 度烤半小时。冷却并从皮肤上挤出葱和大蒜并切碎。与茄子、杏仁、1/2 杯原味酸奶、莳萝、盐和胡椒混合。

卡波纳塔

服务 3-4

原料

- ·椰子油
- ·2个大茄子，切成大块
- ·1茶匙。干牛至
- ·小号盐
- ·F新鲜的黑胡椒粉
- ·1个小洋葱，去皮并切碎
- ·2瓣大蒜，去皮并切成薄片
- ·1小束新鲜的平叶欧芹，叶子摘下来，茎切碎
- ·2汤匙。盐渍刺山柑，冲洗干净，浸泡并沥干
- ·1把绿橄榄，去掉石头

- ·2-3汤匙。柠檬汁
- ·5个成熟的大西红柿,大致切碎
- ·椰子油
- ·2汤匙。杏仁片,轻烤,可选

指示

a) 在平底锅中加热椰子油,加入茄子、牛至和盐。在高温下煮约4或5分钟。加入洋葱、大蒜和欧芹茎,继续煮几分钟。加入沥干的刺山柑、橄榄和柠檬汁。当所有汁液蒸发后,加入西红柿,煮至嫩。
b) 食用前用盐和橄榄油调味。撒上杏仁。

冰沙

羽衣甘蓝奇异果冰沙

- 1 杯羽衣甘蓝，切碎
- 2 个苹果
- 3 猕猴桃
- 1 汤匙亚麻种子
- 1 汤匙蜂王浆
- 1 杯碎冰

a) 在搅拌机中混合

b) 服务

西葫芦苹果冰沙

- ·1/2 杯西葫芦
- ·2 个苹果
- ·3/4 鳄梨
- ·1 根芹菜
- ·1 个柠檬
- ·1 汤匙。螺旋藻
- ·1 1/2 杯碎冰

a) 在搅拌机中混合

b) 服务

蒲公英冰沙

- 1杯蒲公英蔬菜
- 1杯菠菜
- ½杯芝麻酱
- 1红萝卜
- 1汤匙。嘉种子
- 1杯薰衣草茶

a) 在搅拌机中混合
b) 服务

茴香蜜露冰沙

- ½杯茴香
- 1杯西兰花
- 1汤匙。香菜
- 1杯蜜露
- 1杯碎冰
- 1汤匙。小球藻

a) 在搅拌机中混合
b) 服务

西兰花苹果冰沙

- 1 苹果
- 1 杯西兰花
- 1 汤匙。香菜
- 1 芹菜茎
- 1 杯碎冰
- 1 汤匙。压碎的海藻

a) 在搅拌机中混合
b) 服务

沙拉冰沙

- ·1杯菠菜
- ·$\frac{1}{2}$ 个黄瓜
- ·1/2 小洋葱
- ·2 汤匙欧芹
- ·2 汤匙柠檬汁
- ·1杯碎冰
- ·1汤匙。橄榄油 或者孜然油
- ·$\frac{3}{4}$ 杯小麦草

a) 在搅拌机中混合
b) 服务

鳄梨甘蓝冰沙

- 1 杯羽衣甘蓝
- $\frac{1}{2}$ 鳄梨
- 1 杯黄瓜
- 1 芹菜茎
- 1 汤匙。嘉种子
- 1 杯洋甘菊茶
- 1 汤匙。螺旋藻

a) 在搅拌机中混合

b) 服务

豆瓣冰沙

- ·1杯豆瓣菜
- ·½ 杯杏仁牛油
- ·2个小黄瓜
- ·1杯椰奶
- ·1汤匙。小球藻
- ·1汤匙。黑孜然籽——撒在上面，用欧芹装饰

a) 在搅拌机中混合

b) 服务

甜菜绿冰沙

- 1杯甜菜绿
- 2汤匙。南瓜籽黄油
- 1杯草莓
- 1汤匙。芝麻籽
- 1汤匙。麻种子
- 1杯洋甘菊茶

a) 在搅拌机中混合
b) 服务

西兰花韭菜黄瓜冰沙

1 杯西兰花

- ·2 汤匙。腰果酱
- ·2 韭菜
- ·2 个黄瓜
- ·1 石灰
- ·½ 杯生菜
- ·½ 杯生菜
- ·1 汤匙。抹茶
- ·1 杯碎冰

a) 在搅拌机中混合

b) 服务

可可菠菜冰沙

- · 2 杯菠菜
- · 1 杯蓝莓，冷冻
- · 1 汤匙黑可可粉
- · $\frac{1}{2}$ 杯不加糖的杏仁奶
- · 1/2 杯碎冰
- · 1 茶匙生的蜂蜜
- · 1 汤匙。抹茶粉

a) 在搅拌机中混合
b) 服务

亚麻杏仁黄油冰沙

- · $\frac{1}{2}$ 杯纯酸奶
- · 2 汤匙杏仁牛油
- · 2 杯菠菜
- · 1 个香蕉,冷冻
- · 3 个草莓
- · 1/2 杯碎冰
- · 1 茶匙亚麻种子

a) 在搅拌机中混合
b) 服务

苹果甘蓝冰沙

- ·1杯羽衣甘蓝
- ·½杯椰奶
- ·1汤匙。玛卡
- ·1个香蕉，冷冻
- ·¼茶匙肉桂
- ·1苹果
- ·少许豆蔻
- ·1丁香
- ·3个冰块

a) 在搅拌机中混合

b) 服务

冰山桃冰沙

- ·1杯卷心莴苣
- ·1 香蕉
- ·1个桃子
- ·1 巴西坚果
- ·1个芒果
- ·1杯康普茶
- ·顶配麻种子

a) 在搅拌机中混合

b) 服务

彩虹冰沙

a) ・将 1 个大甜菜与一些碎冰混合

b) ・将 3 根胡萝卜与一些碎冰混合

c) 混合 1 个黄瓜、1 杯生菜和 $\frac{1}{2}$ 杯小麦草

d) ・将它们分开食用以保持独特的颜色

e) 服务

甜点

蟹饼

服务 6-8

原料 -

- ·3 磅。蟹肉
- ·3 个打好的鸡蛋
- ·3 杯亚麻种子粉
- ·3 汤匙。芥末
- ·2 汤匙。磨碎的辣根
- ·1/2 杯椰子油
- ·1 茶匙。柠檬皮

- ·3汤匙。柠檬汁
- ·2汤匙。香菜
- ·1/2茶匙。辣椒
- ·2茶匙。鱼露

指示

a) 在中型碗中混合除油以外的所有成分。

b) 做成小汉堡包。在煎锅中加热油，将肉饼每面煎3-4分钟，或煎至金黄色。

c) 或者，在烤箱中烘烤它们。

d) 作为开胃菜或主菜搭配大纤维沙拉。

甜馅饼皮

原料

- ·11/3 杯子 焯水杏仁面粉
- ·1/3 杯木薯粉
- ·1/2 茶匙。海盐
- ·1 个大鸡蛋
- ·1/4 杯椰子油
- ·2 汤匙。椰子糖或生的蜂蜜
- ·1 茶匙地面香草豆

指示

a) 将杏仁粉、木薯粉、海盐、香草、鸡蛋和椰子糖（如果使用椰子糖）放入食品加工机的碗中。处理 2-3 次合并。加入油和生蜂蜜（如果你使用生蜂蜜）并用几个一秒钟的脉冲脉冲，然后让食品加工机运行，直到混合物混合在一起。将面团倒在一张保鲜膜上。把面团包好，然后压成一个 9 英寸的圆盘。冷藏 30 分钟。

b) 取下保鲜膜。将面团压在一个 9 英寸黄油馅饼盘的底部和两侧。将地壳的边缘卷曲一点。在冰箱中冷却 20 分钟。把烤架放在中间位置，把烤箱预热到 375F。放入烤箱，烤至金黄色。

苹果派

份量： 8 人份

原料

- ·2 汤匙。椰子油
- ·9 个酸苹果，去皮，去核，切成 1/4 英寸厚的薄片
- ·1/4 杯椰子糖或生的蜂蜜
- ·1/2 茶匙。肉桂
- ·1/8 茶匙。海盐
- ·1/2 杯椰奶
- ·1 杯磨碎的坚果和种子

指示

a) 填充物：在大锅中用中火融化椰子油。加入苹果、椰子糖或生蜂蜜、肉桂和海盐。将热量增加到中高并烹饪，偶尔搅拌，直到苹果释放水分并且糖融化。将椰奶或奶油倒在苹果上，继续煮至苹果变软，液体变稠，大约 5 分钟，偶尔搅拌。

b) 将馅料倒入面包皮中，然后在上面放上配料。在面包皮的边缘放置一个馅饼罩以避免燃烧。烘烤至顶部刚刚变成金黄色。冷却和服务。

水果蘸巧克力

原料

- ·2个苹果或2个香蕉或一碗草莓或任何可以浸入融化巧克力中的水果
- ·1/2 杯融化的巧克力

·2汤匙。切碎的坚果(杏仁、核桃、巴西坚果)或种子(大麻、奇亚籽、芝麻、亚麻种子一顿饭)

指示

a) 将苹果切成楔形或将香蕉切成四分之一。融化巧克力并切碎坚果。将水果浸入巧克力中,撒上坚果或种子,然后放在托盘上。

b) 将托盘转移到冰箱中,使巧克力变硬;服务。

c) 如果你不想要巧克力,可以在水果上涂上杏仁或向日葵黄油,撒上奇亚籽或大麻籽,然后切成块即可食用。

无烘烤曲奇饼

原料

- ·1/2 杯椰奶
- ·1/2 杯可可粉
- ·1/2 杯椰子油
- ·1/2 杯生的蜂蜜
- ·2 杯椰丝
- ·1 杯大片椰子
- ·2 茶匙地面香草豆
- ·1/2 杯切碎的杏仁或嘉种子（可选）
- ·1/2 杯杏仁黄油（可选）

指示

a) 在平底锅中混合椰奶、椰子油和可可粉。用中火煮混合物，搅拌至沸腾，然后煮沸1分钟。

b) 将混合物从火上移开，加入椰丝、大片椰子、生蜂蜜和香草。如果需要，可以添加其他成分。

c) 将混合物舀到衬有羊皮纸的烤盘上冷却。

生布朗尼

原料

- ·1 1/2 杯核桃
- ·1 杯去核日期
- ·1 1/2 茶匙。地面香草豆
- ·1/3 杯不加糖的可可粉
- ·1/3 杯杏仁牛油

指示

a) 在食品加工机或搅拌机中加入核桃和盐。混合至细磨。

b) 在搅拌机中加入香草、枣子和可可粉。充分混合,并可选择一次加入几滴水,使混合物粘在一起。

c) 将混合物转移到平底锅中,在上面涂上杏仁黄油。

冰淇淋

a) 将切成块的香蕉冷冻,冷冻后在搅拌机中加工,加入半茶匙。肉桂或 1 茶匙。可可或两者兼而有之,并将其作为冰淇淋食用。

b) 其他选择是添加一勺杏仁黄油和香蕉泥混合,它也是一种美味的冰淇淋。

苹果香料曲奇

原料

- ·1 杯不加糖杏仁牛油
- ·1/2 杯生的蜂蜜
- ·1 个鸡蛋和 1/2 茶匙盐
- ·1 个苹果，切丁
- ·1 茶匙肉桂
- ·1/4 茶匙丁香粉
- ·1/8 茶匙肉豆蔻
- ·1 茶匙新鲜生姜，磨碎

指示

a) 将烤箱加热至华氏 350 度。将杏仁黄油、鸡蛋、生蜂蜜和盐放入碗中。加入苹果、香料和生姜并搅拌。将面糊舀到相距 1 英寸的烤盘上。

b) 烘烤至凝固。

c) 取出饼干,放在冷却架上冷却。

汤

西兰花奶油汤

服务 4

原料

- 1 1/2 磅西兰花，新鲜
- 2 杯水
- 3/4 茶匙。盐，胡椒调味
- 1/2 杯木薯粉，与 1 杯冷水混合
- 1/2 杯椰子奶油
- 1/2 杯低脂农民奶酪

a) 蒸或煮西兰花，直到它变软。

b) 将 2 杯水和椰子奶油放在双层蒸锅的顶部。

c) 加入盐、奶酪和胡椒粉。加热直到奶酪融化。

d) 加入西兰花。在一个小碗里混合水和木薯粉。

e) 在双锅中将木薯粉混合物搅拌成奶酪混合物，加热至汤变稠。

扁豆汤

服务 4-6

原料

- 2 汤匙。橄榄油或牛油果油
- 1 杯切碎的洋葱
- 1/2 杯切碎的胡萝卜
- 1/2 杯切碎的芹菜
- 2 茶匙盐
- 1 磅扁豆
- 1 杯切碎的西红柿
- 2 夸脱鸡肉或蔬菜汤
- 1/2 茶匙。磨碎的香菜和烤孜然

指示

a) 将橄榄油放入一个大的荷兰烤箱中。用中火加热。一旦热,加入芹菜、洋葱、胡萝卜和盐,直到洋葱变成半透明。

b) 加入小扁豆、西红柿、孜然、肉汤和香菜,搅拌混合。增加热量并煮沸。

c) 减少热量,盖上盖子,用小火慢炖,直到小扁豆变软(大约 35 到 40 分钟)。

d) 用弯管机将其打成您喜欢的稠度(可选)。立即上菜。

冷黄瓜鳄梨汤

服务 2-3

原料

- 1个黄瓜去皮，播种并切成2英寸的块
- 1个鳄梨，去皮
- 2个切碎的葱
- 1杯鸡汤
- 3/4杯希腊低脂酸奶
- 2汤匙。柠檬汁
- 1/2茶匙。胡椒粉，或品尝
- 切碎的细香葱、莳萝、薄荷、大葱或黄瓜

a) 在搅拌机中混合黄瓜、鳄梨和大葱。脉冲直到切碎。
b) 加入酸奶、肉汤和柠檬汁,继续搅拌至顺滑。
c) 用胡椒和盐调味并冷却 4 小时。
d) 品尝调味和装饰。

加斯帕乔

服务 4
原料
- ·1/2 杯亚麻种子粉
- ·1公斤西红柿，切丁
- ·1个红辣椒和1个青椒，切丁
- ·1根黄瓜，去皮切丁
- ·2瓣大蒜，去皮并压碎
- ·150毫升特级初榨橄榄油或牛油果油
- ·2汤匙柠檬汁
- ·盐，适量

指示

a) 在搅拌机的碗中将辣椒、西红柿和黄瓜与碎大蒜和橄榄油混合。
b) 在混合物中加入亚麻粉。搅拌至光滑。
c) 加入盐和柠檬汁调味并搅拌均匀。
d) 冷藏至完全冷却。与黑橄榄、煮鸡蛋、香菜、薄荷或欧芹一起食用。

意大利牛肉汤

服务 6

原料

- 1磅切碎的蜜蜂 1瓣大蒜，切碎
- 2杯牛肉汤
- 几个大西红柿
- 1杯胡萝卜片
- 2杯熟豆
- 2个小西葫芦，切成方块
- 2杯菠菜-冲洗并撕开
- 1/4茶匙。黑胡椒
- 1/4茶匙。盐

a) 汤锅里有大蒜的棕色牛肉。拌入肉汤、胡萝卜和西红柿。用盐和胡椒调味。

b) 减少热量,盖上盖子,炖15分钟

c) 将豆子与液体和西葫芦一起搅拌。盖上盖子,煮至西葫芦变软。

d) 从火上移开,加入菠菜并盖上盖子。5分钟后上桌。

奶油烤蘑菇

服务 4

原料

- ·1磅波多贝罗蘑菇，切成1英寸的小块
- ·1/2 磅香菇，去茎
- ·6 汤匙。橄榄油 或者牛油果油
- ·2 杯蔬菜汤
- ·1 1/2 汤匙。椰子油
- ·1 个洋葱，切碎
- ·3 瓣大蒜，切碎
- ·3 汤匙。葛粉
- ·1 杯椰子奶油
- ·3/4 茶匙。切碎的百里香

指示

a) 将烤箱加热至 400°F。用箔纸把一张大烤盘排成一行。撒上蘑菇，在上面淋上一些橄榄油。用盐和胡椒调味，然后搅拌。盖上箔纸，烤半小时。揭开并继续烘烤 15 分钟。稍凉。在搅拌机中将一半蘑菇与一罐肉汤混合。搁置。

b) 在一个大锅中用高温将椰子油融化。加入洋葱和大蒜，炒至洋葱呈半透明状。加入面粉并搅拌 2 分钟。加入奶油、肉汤和百里香。拌入剩余的煮熟的蘑菇和蘑菇泥。用小火煨至浓稠（约 10 分钟）。用盐和胡椒调味。

黑豆汤

服务 6-8

原料

- 1/4 杯椰子油
- 1/4 杯洋葱，切丁
- 1/4 杯胡萝卜，切丁
- 1/4 杯青椒，切丁
- 1 杯牛肉汤
- 3 磅煮熟的黑豆
- 1 汤匙。柠檬汁
- 2 茶匙大蒜
- ·2 茶匙盐

- 1/2 茶匙。黑胡椒，磨碎
- 2 茶匙辣椒粉
- 8 盎司。猪肉
- 1 汤匙。木薯粉
- 2 汤匙。水

指示

a) 将椰子油、洋葱、胡萝卜和甜椒放入汤锅中。将蔬菜煮至嫩。把肉汤煮沸。

b) 在蔬菜中加入煮熟的豆子、肉汤和其余成分（木薯粉和 2 汤匙水除外）。把混合物用文火煮大约 15 分钟。

c) 在搅拌机中将 1 夸脱的汤搅成泥，然后放回锅中。将木薯粉和 2 汤匙混合。水在一个单独的碗里。

d) 将木薯粉混合物加入豆汤中，煮沸 1 分钟。

1. **白色西班牙凉菜汤**

服务 4-6

原料

- ·1 杯亚麻种子粉
- ·200 克杏仁，焯过皮并去皮
- ·3 瓣大蒜
- ·150 毫升特级初榨橄榄油或牛油果油
- ·5 汤匙。柠檬汁
- ·2 茶匙盐

- ·1升水
- ·150 克葡萄，去籽

指示

a) 将亚麻粉与杏仁和大蒜一起放入搅拌机中。混合成光滑的糊状物。必要时加少许水。在电机运转的情况下缓慢添加油。也加入柠檬汁和盐。

b) 将混合物倒入水罐中，加入剩余的水。加入盐或柠檬汁调味。冷却汤。

c) 上菜前搅拌一下，用葡萄装饰。

南瓜汤

服务 4-6

原料

- ·1 壁球
- ·1 根胡萝卜，切碎
- ·1 个洋葱（切丁）
- ·3/4 - 1 杯椰奶
- ·1/4 - 1/2 杯水
- ·橄榄油或牛油果油
- ·盐
- ·胡椒
- ·肉桂

- ·姜黄

指示

a) 把南瓜切开，用勺子舀出种子。把它切成大块，放在烤盘上。撒上盐、橄榄油和胡椒粉，在华氏375度烘烤至变软（约1小时）。冷静。

b) 与此同时，用橄榄油炒洋葱（放入汤锅中）。加入胡萝卜。几分钟后加入3/4杯椰奶和1/4杯水，小火慢炖。把南瓜从皮里舀出来。把它加到汤锅里。搅拌混合成分，煮几分钟。如果需要，添加更多的牛奶或水。用盐、胡椒和香料调味。搅拌至光滑和奶油状。

c) 撒上烤南瓜子。

羽衣甘蓝白豆猪肉汤

服务 4-6

原料

- ·2汤匙。每个处女橄榄油
- ·3汤匙。辣椒粉
- ·1汤匙。墨西哥辣椒酱
- ·2磅带骨猪排
- ·盐
- ·4根芹菜，切碎
- ·1个大洋葱，切碎
- ·3瓣大蒜，切碎

- · 2 杯鸡汤
- · 2 杯西红柿丁
- · 2 杯煮熟的白豆
- · 6 杯装羽衣甘蓝

a) 预热肉鸡。搅拌辣酱，1 汤匙。橄榄油和辣椒粉放在碗里。用 1/2 茶匙调味猪排。盐。用香料混合物擦排骨，然后将它们放在烤盘上的架子上。搁置。

b) 加热 1 汤匙。在一个大锅里用高温加热椰子油。加入芹菜、大蒜、洋葱和剩下的 2 汤匙。辣椒粉。煮至洋葱呈半透明状，搅拌（约 8 分钟）。

c) 将西红柿和鸡汤加入锅中。偶尔烹饪和搅拌，直到减少约三分之一（约 7 分钟）。加入羽衣甘蓝和豆类。将火调至中火，盖上盖子煮至羽衣甘蓝变软（约 7 分钟）。如果混合物看起来很干，加入 1/2 杯水并用盐调味。

d) 与此同时，将猪肉烤至焦黄

希腊柠檬鸡汤

服务 4

原料

- ·4 杯鸡汤
- ·1/4 杯 未煮过的藜麦
- ·盐和胡椒
- ·3 个鸡蛋
- ·3 汤匙。柠檬汁
- ·一把新鲜莳萝（切碎）
- ·烤鸡丝（可选）

a) 把肉汤放在平底锅里煮沸。加入藜麦，煮至嫩。用盐和胡椒调味。把火调低，然后慢慢炖。在另一个碗中，将柠檬汁和鸡蛋搅拌至光滑。在鸡蛋/柠檬混合物中加入约 1 杯热肉汤，搅拌均匀。

b) 将混合物放回平底锅中。搅拌直到汤变得不透明并变稠。加入莳萝、盐和胡椒调味，如果你有鸡肉，然后上桌。

蛋花汤

服务 4-6

原料 -

- ·1 1/2 夸脱鸡汤
- 2 汤匙。木薯粉，在 1/4 杯冷水中混合
- 2 个鸡蛋，用叉子轻轻敲打
- 2 个葱，切碎，包括绿色末端

指示

a) 把肉汤煮沸。一边搅拌肉汤,一边慢慢倒入木薯粉混合物。肉汤应该变稠。

b) 减少热量,让它慢炖。在搅拌的同时非常缓慢地混合鸡蛋。

c) 一旦最后一滴鸡蛋进入,就关掉暖气。

d) 与切碎的葱一起食用。

奶油番茄罗勒汤

服务 6

原料

- 4 个西红柿 - 去皮、去籽和切块
- 4 杯番茄汁
- 14 叶新鲜罗勒
- 1 杯椰子奶油
- 盐调味
- 黑胡椒粉调味

指示

a) 将番茄和番茄汁混合在汤锅中。炖 30 分钟。
b) 在处理器中与罗勒叶混合成泥。
c) 放回汤锅中,加入椰子奶油。
d) 加入盐和胡椒调味。

主菜

炖扁豆

原料

- 1杯干扁豆
- 3 1/2 杯鸡汤
- 几个西红柿
- 1个中等切碎的土豆+ 1/2 杯切碎的胡萝卜
- 1/2 杯切碎的洋葱+ 1/2 杯切碎的芹菜（可选）
- 几枝欧芹和罗勒+ 1瓣大蒜（切碎）
- 1磅瘦猪肉或牛肉+胡椒粉调味

你可以用这道炖菜吃你喜欢的沙拉。

牛肉炖青豆

服务 1

原料

- 1 杯新鲜或冷冻青豆
- 1 个洋葱,切碎
- 2 瓣大蒜,切成薄片和 1/2 英寸去皮/切片的新鲜生姜(如果你喜欢)
- 1/2 茶匙。红辣椒片,或品尝
- 1 个番茄,大致切碎
- 1 个切碎的胡萝卜
- 1 汤匙。椰子油
- 1/2 杯鸡汤
- 4 盎司。牛肉丁

- 盐和现磨黑胡椒

a) 在平底锅中用中火加热椰子油。

b) 将洋葱、大蒜和生姜炒至变软。加入红辣椒、胡萝卜和西红柿，炒至西红柿开始变软。加入绿豌豆。添加4盎司。切成方块的瘦牛肉。

c) 加入肉汤，用中火炖。盖上盖子煮至豌豆变软。用盐和胡椒调味。

白鸡辣椒

服务：5

原料
- ·4个大的去骨去皮鸡胸肉
- ·2个青椒
- ·1个大黄洋葱
- ·1个墨西哥胡椒
- ·1/2杯青辣椒丁（可选）
- ·1/2杯葱
- ·1.5汤匙。椰子油
- ·3杯煮熟的白豆

- ·3.5 杯鸡肉或蔬菜汤
- ·1 茶匙。孜然粉
- ·1/4 茶匙。辣椒
- ·盐调味

指示

a) 把一锅水烧开。加入鸡胸肉，煮至熟透。沥干水，让鸡肉冷却。冷却后，切碎并放在一边。

b) 将青椒、墨西哥胡椒和洋葱切成丁。在锅中用高温将椰子油融化。加入辣椒和洋葱，炒至软，大约。8-10 分钟。

c) 将肉汤、豆类、鸡肉和香料加入锅中。搅拌并煮沸。盖上盖子炖 25-30 分钟。

d) 再炖 10 分钟，偶尔搅拌一下。从热源中取出。静置 10 分钟使其变稠。顶配香菜。

羽衣甘蓝猪肉

服务 4

原料

- · 1 汤匙。椰子油
- · 1 磅猪里脊肉，修剪并切成 1 英寸的小块
- · 3/4 茶匙。盐
- · 1 个中等大小的洋葱，切碎
- · 4 瓣大蒜，切碎
- · 2 茶匙辣椒粉
- · 1/4 茶匙。碎红辣椒（可选）
- · 1 杯白葡萄酒
- · 4 个李子西红柿，切碎

- ·4杯鸡汤
- ·1束羽衣甘蓝,切碎
- ·2杯煮熟的白豆

指示

a) 在锅中用中火加热椰子油。加入猪肉,加盐调味,煮至不再呈粉红色。转移到盘子里,把果汁留在锅里。

b) 将洋葱加入锅中煮至半透明。加入辣椒粉、大蒜和碎红辣椒,煮约30秒。加入西红柿和葡萄酒,加热并搅拌以刮掉任何褐色的碎屑。加入肉汤。煮滚。

c) 加入羽衣甘蓝,搅拌至枯萎。降低热量和文火,直到羽衣甘蓝变软。拌入豆类、猪肉和猪肉汁。再炖2分钟。

南瓜花椰菜咖喱

服务：6

原料

- ·咖喱酱
- ·3杯去皮，切碎的南瓜
- ·2杯浓椰奶
- ·3汤匙。椰子油
- ·2汤匙。生的蜂蜜
- ·2磅西红柿
- ·1又1/4杯糙米，生的
- ·1杯切碎的花椰菜
- ·1杯切碎的青椒
- ·香菜浇头

指示

a) 煮糙米。搁置。

b) 做咖喱酱。将椰奶倒入煎锅中，将咖喱和生蜂蜜混合到椰奶中。加入花椰菜、南瓜和青椒。盖上锅盖煮至南瓜变软。从火上移开，静置10分钟。酱汁会变稠。

c) 把咖喱放在糙米上。上菜前加入切碎的香菜。

克罗克波特红咖喱羊肉

服务：16

原料

- ·3磅切块羊肉
- ·咖喱酱
- ·4杯番茄酱
- ·1茶匙。盐加上更多的味道
- ·1/2杯椰奶或奶油

指示

a) 做咖喱酱。在炖锅中加入羊肉和咖喱酱。将一杯番茄酱倒在羊肉上。在炖锅中加入 2 杯水。搅拌，盖上盖子，高火煮 2 小时或低火煮 4-5 小时。品尝并用盐调味。

b) 上菜前拌入椰奶，撒上香菜。在糙米或烤饼上食用。

易扁豆达尔

服务：6

原料

- ·2 1/2 杯扁豆
- ·5-6 杯水
- ·咖喱酱
- ·1/2 杯椰奶
- ·1/3 杯水
- ·1/2 茶匙盐 + 1/4 茶匙。黑胡椒
- ·青柠汁
- ·香菜和葱作装饰

指示

a) 在一个大锅里把水烧开。加入小扁豆,不盖盖子煮 10 分钟,经常搅拌。

b) 从热源中取出。搅拌剩余的成分。

c) 用盐和香草调味。

秋葵

- ·1磅中等虾去皮
- ·1/2 磅去皮去骨鸡胸肉
- ·1/2 杯椰子油
- ·3/4 杯杏仁面粉
- ·2 杯切碎的洋葱
- ·1 杯切碎的芹菜
- ·1 杯切碎的青椒
- ·1 茶匙。孜然粉
- ·1 汤匙。切碎的新鲜大蒜
- ·1 茶匙。新鲜百里香切碎
- ·1/2 茶匙。辣椒

- ・6 杯鸡汤
- ・2 杯西红柿丁
- ・3 杯切片秋葵
- ・1/2 杯 新鲜欧芹 切碎
- ・2 片月桂叶
- ・1 茶匙。辣酱

a) 在大锅中用大火将鸡肉炒至棕色。取出并放在一边。切碎洋葱、芹菜和青椒，放在一边。

b) 锅里放油和面粉。搅拌均匀，变成棕色，做成面糊。面粉糊做好后加入切碎的蔬菜。小火炒 10 分钟。

c) 慢慢加入鸡汤，不断搅拌。

d) 加入鸡肉和除秋葵、虾和欧芹以外的所有其他配料，这些配料将留到最后。

e) 盖上盖子，小火炖半小时。取下盖子，再煮半小时，偶尔搅拌。

f) 加入虾、秋葵和欧芹。不盖盖子的小火继续煮 15 分钟。

鹰嘴豆咖喱

服务 4

原料

· 咖喱酱

· 4 杯煮熟的鹰嘴豆 • 1 杯切碎的香菜

指示

a) 做咖喱酱。混合鹰嘴豆及其液体。

b) 继续煮。搅拌直到所有成分混合。

c) 从热源中取出。上菜前加入香菜,保留 1 汤匙。装饰用。

红咖喱鸡

服务：6

原料

- ·2杯鸡肉块
- ·咖喱酱
- ·2杯番茄酱
- ·1/4杯椰奶或奶油
- ·装饰用香菜
- ·食用糙米

指示

a) 做咖喱酱。加入番茄酱；搅拌并煮至光滑。加入鸡肉和奶油。

b) 搅拌混合并炖 15-20 分钟。

c) 与糙米和香菜一起食用。

猪肉炖青豆

服务 1

原料

- ·1 杯新鲜或冷冻青豆
- ·1 个洋葱,切碎
- ·2 瓣大蒜,切成薄片
- ·1/2 英寸去皮/切片的新鲜生姜
- ·1/2 茶匙。红辣椒片,或品尝
- ·1 个番茄,大致切碎
- ·1 汤匙。椰子油
- ·1/2 杯鸡汤
- ·盐和黑胡椒粉

- ·1/4 柠檬，切成楔形，上桌
- ·5 盎司。瘦猪肉

指示

a) 把每个豆子切成两半。在平底锅中用中火加热椰子油。用中火炒洋葱、大蒜和生姜，直到它们变软。

b) 加入红辣椒和西红柿，炒至西红柿开始分解。拌入绿豆。添加 5 盎司。切成方块的瘦猪肉。

c) 加入肉汤，用中火炖。盖上盖子煮到豆子变软。

d) 用盐和胡椒调味。与柠檬角一起食用。

料理鼠王

服务 4-6

原料

- ・2 个大茄子
- ・3 个中等大小的西葫芦
- ・2 个中等洋葱
- ・2 个红辣椒或青椒
- ・4 个大西红柿
- ・2 瓣大蒜，压碎
- ・4 汤匙。椰子油
- ・1 汤匙。新鲜罗勒
- ・小号 alt 和现磨黑胡椒

指示

a) 将茄子和西葫芦切成1英寸的薄片。然后将每一片切成两半。给它们加盐并放置一小时。盐会带走苦味。

b) 将辣椒和洋葱切碎。把西红柿煮几分钟去皮。然后将它们切成四等分，取出种子并切碎肉。在平底锅中将大蒜和洋葱放入椰子油中煎10分钟。加入辣椒。将茄子和西葫芦擦干，然后放入平底锅中。加入罗勒、盐和胡椒。搅拌并炖半小时。

c) 加入番茄肉，检查调味料，盖上盖子再煮15分钟。

烤牛肉

服务 8

原料

· 1-1/2 杯番茄酱 • 1/4 杯柠檬汁 • 2 汤匙。芥末 • 1/2 茶匙。盐

· 1 根切碎的胡萝卜 • 1/4 茶匙。黑胡椒粉 • 1/2 茶匙。蒜末 • 4 磅无骨夹头烤肉

指示

a) 在一个大碗里，混合番茄酱、柠檬汁和芥末。拌入盐、胡椒和大蒜。

b) 将查克烤肉和胡萝卜放入慢炖锅中。将番茄混合物倒在烤肉上。盖上盖子，低火煮 7 到 9 小时。

c) 从慢炖锅中取出烤肉，用叉子切碎，然后放回慢炖锅。搅拌肉均匀地涂上酱汁。继续煮约 1 小时。

青葱牛里脊

- ·3/4 磅青葱，纵向减半
- ·1-1/2 汤匙。橄榄油或牛油果油
- ·盐和胡椒粉调味
- ·3 杯牛肉汤
- ·3/4 杯红酒
- ·1-1/2 茶匙番茄酱
- ·2 磅牛里脊烤，修剪
- ·1 茶匙。干百里香
- ·3 汤匙。椰子油
- 1 汤匙。杏仁面粉

a) 将烤箱加热至华氏 375 度。将青葱与橄榄油一起倒入烤盘中，并用盐和胡椒调味。烤到青葱变软，偶尔搅拌，大约半小时。

b) 在平底锅中混合葡萄酒和牛肉汤，煮沸。用大火煮。音量应减半。加入番茄酱。搁置。

c) 把牛肉拍干，撒上盐、百里香和胡椒粉。将牛肉加入涂有椰子油的平底锅中。高温下四面呈棕色。

d) 把平底锅放回烤箱。半小时左右烤牛肉半小时。把牛肉转移到盘子里。用箔纸松散地覆盖。

e) 将平底锅放在炉顶上，加入肉汤混合物。煮沸并搅拌以刮掉任何褐色的碎片。转移到另一个平底锅，然后慢慢炖。混合 1 1/2 汤匙。椰子油和面粉在小碗里混合。搅拌成肉汤，煮至酱汁变稠。拌入烤青葱。用盐和胡椒调味。

f) 将牛肉切成 1/2 英寸厚的薄片。舀一勺酱汁。

辣椒

- ·2汤匙。椰子油
- ·2个洋葱，切碎
- ·3瓣大蒜，切碎
- ·1磅碎牛肉
- ·3/4磅牛里脊肉，切丁
- ·2杯西红柿丁
- ·1杯浓咖啡
- ·1杯番茄酱
- ·2杯牛肉汤
- ·1汤匙。孜然种子
- ·1汤匙。不加糖的可可粉

- ·1茶匙。干牛至
- ·1茶匙。辣椒粉
- ·1茶匙。香菜末
- ·1茶匙。盐
- ·6杯煮熟的芸豆
- ·4个新鲜辣椒，切碎

a) 在平底锅中用中火加热油。在油中煮大蒜、洋葱、牛腩和碎牛肉，直到肉变成褐色，洋葱呈半透明状。

b) 加入番茄丁、咖啡、番茄酱和牛肉汤。用牛至、孜然、可可粉、辣椒、香菜和盐调味。加入辣椒和3杯豆子。把火调小，炖两个小时。

c) 搅拌剩下的3杯豆子。再炖30分钟。

釉面肉饼

服务 4

原料 -

- ·1/2 杯番茄酱
- ·1/4 杯柠檬汁，分开的
- ·1 茶匙。芥末粉
- ·2 磅碎牛肉
- ·1 杯亚麻种子粉
- 1/4 杯切碎的洋葱
- 1 个鸡蛋，打散

指示

a) 将烤箱加热至华氏 350 度。混合芥末、番茄酱、1 汤匙。柠檬汁在一个小碗里。

b) 将洋葱、碎牛肉、亚麻、鸡蛋和剩余的柠檬汁混合在一个单独的大碗中。

c) 并从小碗中加入 1/3 的番茄酱混合物。充分混合并放入面包盘中。

d) 在华氏 350 度烘烤一小时。排出多余的脂肪,涂上剩余的番茄酱混合物。再烤 10 分钟。

茄子宽面条

服务 4-6

成分

- ·2个大茄子，去皮并纵向切成条状
- ·椰子油
- ·盐和胡椒
- 肉酱
- ·2杯低脂农民奶酪
- ·2个蛋
- ·3个洋葱，切碎
- ·1杯低脂马苏里拉奶酪丝

指示

a) 把烤箱加热到 425 度。

b) 给饼干片抹油，摆上茄子片。撒上盐和胡椒粉。每边烤 5 分钟。将烤箱温度降低到 375。

c) 将洋葱、肉和大蒜放入椰子油中浸泡 5 分钟。加入蘑菇和红辣椒，煮 5 分钟。加入西红柿、菠菜和香料，炖 5-10 分钟。

d) 混合农民的奶酪、鸡蛋和洋葱混合物。将三分之一的肉酱涂在玻璃锅底部。将一半茄子片和一半农家奶酪分层。重复。加入最后一层酱汁，然后在上面放上马苏里拉奶酪。

e) 用箔纸覆盖。375 度烤一小时。取下箔纸并烘烤，直到奶酪变成褐色。上菜前让它休息 10 分钟。

酿茄子

a) 冲洗茄子。从一端切下一片。做一个宽缝,加盐。去籽西红柿。把它们切碎。

b) 将洋葱切成薄片。将蒜瓣切碎。将它们放入装有椰子油的煎锅中。

c) 加入西红柿、盐欧芹、孜然、胡椒、辣椒和碎牛肉。炒10分钟。

d) 挤压茄子，让苦汁流出。用碎牛肉混合物填满宽缝。把剩下的混合物倒过来。同时将烤箱加热至375F。

e) 把茄子放在烤盘上。在上面撒上橄榄油、柠檬汁和1杯水。

f) 用箔纸盖住锅。

酿红辣椒牛肉

原料

- 6 个红甜椒
- 盐调味
- 1 磅碎牛肉
- 1/3 杯切碎的洋葱
- 盐和胡椒粉调味
- 2 杯切碎的西红柿
- 1/2 杯生糙米或
- 1/2 杯水
- 2 杯番茄汤

- 根据需要加水

指示

a) 将辣椒在沸水中煮 5 分钟,然后沥干。

b) 在每个辣椒里撒上盐,放在一边。在平底锅里,炒洋葱和牛肉,直到牛肉变成褐色。排出多余的脂肪。用盐和胡椒调味。拌入米饭、西红柿和 1/2 杯水。盖上盖子,煮至米饭变软。从热源中取出。拌入奶酪。

c) 将烤箱加热至华氏 350 度。在每个辣椒中加入米饭和牛肉混合物。将辣椒面朝上放在烤盘中。将番茄汤与足够的水混合,使汤在单独的碗中呈肉汁稠度。

d) 倒在辣椒上。

e) 盖上盖子烤 25 到 35 分钟。

超级炖牛肉

服务 4-6

原料

- ·3 杯花椰菜
- 1 磅碎牛肉·
- 1 个中等大小的洋葱,切碎·
- 盐调味
- ·黑胡椒粉调味
- 蒜味
- ·2 杯煮熟的芸豆
- ·1 杯番茄酱

a) 将碎牛肉和洋葱放入平底锅中,用中火加热。排出脂肪。加入大蒜、盐和胡椒调味。

b) 加入花椰菜、芸豆和番茄酱。煮至花椰菜熟。

Frijoles Charros

服务 4-6

原料

- ·1 磅干斑豆
- ·5 瓣大蒜,切碎
- ·1 茶匙。盐
- ·1/2 磅猪肉,切丁
- ·1 个洋葱,切碎和 2 个新鲜番茄,切丁
- ·几片墨西哥胡椒片
- ·1/3 杯切碎的香菜

指示

a) 将斑豆放入慢炖锅中。用水覆盖。加入大蒜和盐。盖上盖子,高火煮1小时。

b) 将猪肉在平底锅中用大火煮至棕色。排出脂肪。把洋葱放在煎锅里。煮至嫩。加入墨西哥胡椒和西红柿。煮至热透。转移到慢炖锅里,搅拌成豆子。继续低档烹饪4小时。在烹饪时间结束前约半小时加入香菜。

鸡肉卡西亚托雷

服务 8

原料

- ·4 磅鸡大腿，带皮
- ·2 汤匙。特级初榨橄榄油或者牛油果油
- ·盐
- ·1 个洋葱片
- ·1/3 杯红酒
- ·1 片红色或绿色甜椒
- ·8 盎司 奶油蘑菇片
- ·2 片蒜瓣
- ·3 杯去皮切碎的西红柿
- ·1/2 茶匙。黑胡椒粉
- ·1 茶匙。干牛至
- ·1 茶匙。干百里香

- ·1枝新鲜迷迭香
- ·1汤匙。新鲜欧芹

指示

a) 用盐拍打鸡肉的四面八方。在平底锅中用中火加热橄榄油。将几块鸡块皮朝下放入锅中（不要过度拥挤）5分钟，然后转动。搁置。确保你有2汤匙。剩下的渲染脂肪。

b) 将洋葱、蘑菇和甜椒放入锅中。将热量增加到中高。煮至洋葱变软，搅拌，大约10分钟。加入大蒜，再煮一分钟。

c) 加入酒。刮掉任何褐色的碎屑，用文火炖至酒量减少一半。加入西红柿、胡椒、牛至、百里香和一茶匙。盐。再炖5分钟。把鸡块放在西红柿上，皮肤朝上。降低热量。用盖子稍微半开盖住煎锅。

d) 用小火慢炖鸡肉。时不时转身和涂油。加入迷迭香，煮至肉变软，大约30到40分钟。用欧芹装饰。

白菜炖肉

服务 8

原料

- ·1-1/2 磅碎牛肉
- ·1 杯牛肉汤
- ·1 个切碎的洋葱
- ·1 片月桂叶
- ·1/4 茶匙。胡椒
- ·2 片芹菜排骨
- ·4 杯卷心菜丝
- ·1 根胡萝卜,切片
- ·1 杯番茄酱
- ·1/4 茶匙。盐

指示

a) 棕色的碎肉放在锅里。加入牛肉高汤、洋葱、胡椒和月桂叶。盖上盖子,用文火煮至变软(大约30分钟)。加入芹菜、卷心菜和胡萝卜。

b) 盖上锅盖煮至蔬菜变软。拌入番茄酱和调味料。不盖盖子炖20分钟。

豌豆胡萝卜炖牛肉

服务 8

原料

- ·1-1/2 杯切碎的胡萝卜·
- 1 杯切碎的洋葱
- ·2 汤匙。椰子油
- 1-1/2 杯青豆
- 4 杯牛肉汤
- 1/2 茶匙。盐
- ·1/4 茶匙。黑胡椒粉
- 1/2 茶匙。蒜末
- 4 磅无骨夹头烤肉

指示

a) 用中火在椰子油中煮洋葱，直到它们变软（几分钟）。加入所有其他成分并搅拌。

b) 盖上盖子，用小火煮 2 小时。将杏仁粉和一些冷水混合，加入炖菜中，再煮一分钟。

青炖鸡

服务 6-8

原料

- ·1-1/2 杯西兰花小花
- ·1 杯切碎的芹菜茎
- ·1 杯韭菜片
- 2 汤匙。椰子油
- ·1-1/2 杯青豆
- ·2 杯鸡汤
- ·1/2 茶匙。盐

- · 1/4 茶匙。黑胡椒粉
- · 1/2 茶匙。蒜末
- · 4 磅去骨去皮鸡块

指示

a) 用中火在椰子油中煮韭菜,直到它们变软(几分钟)。加入所有其他成分并搅拌。

b) 盖上盖子,用小火煮 1 小时。将杏仁粉和一些冷水混合,加入炖菜中,再煮一分钟。

爱尔兰炖肉

服务 8

原料

- ·2 个切碎的洋葱
- ·2 汤匙。椰子油
- ·1 枝干百里香
- ·2 1/2 磅羊颈肉碎
- ·6 根切碎的胡萝卜
- ·2 汤匙。糙米
- ·5 杯鸡汤
- ·盐
- ·黑胡椒粉
- ·1 束 garni（百里香、欧芹和月桂叶）
- ·2 个切碎的红薯
- ·1 束切碎的欧芹
- ·1 束韭菜

指示

a) 用中火将洋葱在椰子油中煮至变软。加入干百里香和羊肉并搅拌。加入糙米、胡萝卜和鸡汤。加入盐、胡椒和花束。盖上盖子，用小火煮 2 小时。将红薯放在炖菜上，煮 30 分钟，直到肉散开。

b) 用欧芹和细香葱装饰。

匈牙利豌豆炖

服务 8

原料

- ·6 杯青豆
- ·1 磅猪肉丁
- ·2 汤匙橄榄油或牛油果油
- ·3 1/2 汤匙杏仁面粉
- ·2 汤匙切碎的欧芹
- ·1 杯水
- ·1/2 茶匙盐
- ·1 杯椰奶
- ·1 茶匙椰子糖

指示

a) 用中火将猪肉和青豆在橄榄油中煨至几乎变软（约 10 分钟）

b) 加入盐、切碎的欧芹、椰子糖和杏仁粉，再煮一分钟。

c) 加入水，然后加入牛奶并搅拌。

d) 用小火再煮 4 分钟，偶尔搅拌。

鸡肉提卡马萨拉

- ·5磅鸡块，去皮，带骨
- 3汤匙。烤辣椒粉
- 2汤匙。烤香菜籽
- 12瓣切碎的大蒜
- 3汤匙。切碎的新鲜姜
- 2杯酸奶
- 3/4杯柠檬汁（4到6个柠檬）
- 1茶匙。海盐
- 4汤匙。椰子油
- 1个洋葱片
- 4杯切碎的西红柿
- 1/2杯切碎的香菜
- 1杯椰子奶油

a) 用刀以 1 英寸的间隔深深地刻划鸡肉。把鸡肉放在一个大烤盘里。

b) 将芫荽、孜然、辣椒粉、姜黄和辣椒放入碗中混合。留出 3 汤匙。这种香料混合物。结合剩余的 6 汤匙。香料混合物与 8 瓣大蒜大蒜、酸奶、2 汤匙。生姜、1/4 杯盐和 1/2 杯柠檬汁放在一个大碗里,然后混合。将腌料倒在鸡块上。

c) 在一个大锅中用中高温加热椰子油,加入剩余的大蒜和生姜。加入洋葱。煮大约 10 分钟,偶尔搅拌一下。加入保留的香料混合物,煮至香,大约半分钟。从锅底刮掉所有褐色的碎屑,加入西红柿和一半香菜。炖 15 分钟。稍微冷却并打成泥。

d) 加入椰子奶油和剩下的四分之一杯柠檬汁。用盐调味,放在一边,直到鸡肉煮熟。

e) 在烤架上或肉鸡下煮鸡肉。

f) 把鸡肉从骨头上取下来,切成一口大小的粗块。将鸡块加入酱汁锅中。用中火煨煮 10 分钟左右。

希腊炖牛肉(Stifado)

服务 8

原料

- ·4 大块小牛肉或牛肉 osso bucco
- ·20 整个青葱,去皮
- ·3 片月桂叶
- ·8 瓣大蒜
- ·3 枝迷迭香
- ·6 整个甜椒
- ·5 整个丁香
- ·1/2 茶匙肉豆蔻粉
- ·1/2 杯橄榄油或牛油果油
- ·1/3 杯苹果醋
- ·1 汤匙。盐
- ·2 杯番茄酱
- ·1/4 茶匙黑胡椒

指示

a) 将醋和番茄酱混合并放在一边。将肉、葱、大蒜和所有香料放入锅中。

b) 加入番茄酱、油和醋。盖上锅盖,转小火慢炖 2 小时。不要打开搅拌,只是偶尔摇晃一下锅。

c) 与糙米或藜麦一起食用。

红豆炖肉

服务 8

原料

- ·3 汤匙。橄榄油或牛油果油
- ·1/2 切碎的洋葱
- ·1 磅瘦肉丁炖牛肉
- ·2 茶匙。孜然粉
- ·2 茶匙。姜黄粉（可选）
- ·1/2 茶匙。肉桂粉（可选）
- ·2 1/2 杯水
- ·5 汤匙。切碎的新鲜欧芹
- ·3 汤匙。切碎的韭菜
- ·2 杯煮熟的芸豆
- ·1 个柠檬，果汁
- ·1 汤匙。杏仁面粉
- ·盐和黑胡椒

指示

a) 用两汤匙 ive 油将洋葱放入平底锅中炒至变软。

b) 加入牛肉，煮至肉四面呈褐色。加入姜黄、肉桂（可选）和孜然，煮一分钟。加水煮沸。

c) 盖上盖子，用小火炖 45 分钟。不时搅拌。用剩下的 1 汤匙炒欧芹和细香葱。橄榄油约 2 分钟，然后将这种混合物加入牛肉中。加入芸豆和柠檬汁，用盐和胡椒调味。

d) 拌入一汤匙。杏仁粉与少许水混合以使炖菜变稠。不盖盖子炖半小时，直到肉变软。与糙米一起食用。

羊肉红薯炖

服务 8

原料

- ·1-1/2 杯番茄酱
- ·1/4 杯柠檬汁
- ·2 汤匙。芥末
- ·1/2 茶匙。盐
- ·1/4 茶匙。黑胡椒粉
- ·1/4 杯厚杏仁黄油
- ·2 块红薯
- ·1/2 茶匙。蒜末
- ·4 磅无骨夹头烤肉

指示

a) 在一个大碗里，混合番茄酱、柠檬汁、杏仁黄油和芥末。加入盐、胡椒粉、大蒜和红薯块。将夹头烤肉放入慢炖锅中。将番茄混合物倒在烤肉上。

b) 盖上盖子，低火煮 7 到 9 小时。

c) 从慢炖锅中取出烤肉，用叉子切碎，然后放回慢炖锅。搅拌肉均匀地涂上酱汁。继续煮约 1 小时。

烤鸡胸肉

服务 10

原料

- ·10 块去骨去皮鸡胸肉
- ·3/4 杯低脂酸奶
- ·1/2 杯切碎的罗勒
- ·2 茶匙。葛粉
- ·1 杯粗磨燕麦片

指示

a) 把鸡肉放在烤盘里。混合罗勒、酸奶和葛粉；搅拌均匀，铺在鸡肉上。
b) 将燕麦片与盐和胡椒粉混合调味，然后撒在鸡肉上。
c) 将鸡肉在烤箱中以 375 度烤半小时。做 10 份。

迷迭香烤鸡

服务 6-8

- ·1只（3磅）整只鸡，冲洗干净，去皮
- ·盐和胡椒粉调味
- ·1个洋葱，切成四等份
- ·1/4杯切碎的迷迭香

指示

a) 将烤箱加热至 350F。在肉上撒盐和胡椒。加入洋葱和迷迭香。
b) 放入烤盘中,在预热的烤箱中烘烤,直到鸡肉煮熟。
c) 根据鸟的大小,烹饪时间会有所不同。

卡恩浅田

　将大蒜、墨西哥胡椒、香菜、盐和胡椒混合在一起制成糊状。将糊状物放入容器中。加入油、酸橙汁和橙汁。摇晃它以结合。用作牛肉的腌料或餐桌调味品。把侧翼牛排放在烤盘里,把腌料倒在上面。冷藏长达 8 小时。把牛排从腌料里拿出来,用盐和胡椒在两面调味。将牛排每面烤(或烤)7 到 10 分钟,转动一次,直到半熟。将牛排放在砧板上,让汁液沉淀(5 分钟)。将牛排切成薄片。

乔皮诺

服务 6

原料

- ·3/4 杯椰子油
- ·2 个洋葱，切碎
- ·2 瓣大蒜，切碎
- ·1 束新鲜欧芹，切碎
- ·1,5 杯炖西红柿
- ·1.5 杯鸡汤
- ·2 片月桂叶
- ·1 汤匙。干罗勒
- ·1/2 茶匙。干百里香
- ·1/2 茶匙。干牛至
- ·1 杯水

- ・1-1/2 杯白葡萄酒
- ・1-1/2 磅 去皮去核大虾
- ・1-1/2 磅海湾扇贝
- ・18 个小蛤蜊
- ・18 只清洁和去须的贻贝
- ・1-1/2 杯蟹肉
- ・1-1/2 磅鳕鱼片，切丁

指示

a) 在一个大汤锅中用中火融化椰子油，加入洋葱、欧芹和大蒜。慢慢煮，偶尔搅拌直到洋葱变软。将西红柿加入锅中。加入鸡汤、牛至、月桂叶、罗勒、百里香、水和酒。混合均匀。

b) 盖上盖子炖 30 分钟。拌入虾、扇贝、蛤蜊、贻贝和蟹肉。拌入鱼。煮沸。降低热量，盖上盖子，用文火炖至蛤蜊打开。

橙椰子比目鱼

服务 6

原料

- ·31/2 磅。比目鱼
- ·3 汤匙。白酒
- ·3 汤匙。柠檬汁
- ·3 汤匙。椰子油
- ·3 汤匙。香菜
- ·1 茶匙。黑胡椒
- ·2 汤匙。橙皮
- ·1/2 茶匙。盐
- ·1/2 杯切碎的葱

指示

a) 将烤箱预热至 325F。在鱼身上撒上胡椒和盐。

b) 把鱼放在烤盘里。在鱼身上撒上橘子皮。融化剩余的椰子油，在椰子油中加入欧芹和大葱，倒在比目鱼上。然后加入白葡萄酒。

c) 放入烤箱烤 15 分钟。将鱼与额外的汁液放在一边。

烤三文鱼

服务 4

原料

- ·4（4 盎司）鱼片鲑鱼
- ·1/4 杯椰子油
- ·2 汤匙。鱼露
- ·2 汤匙。柠檬汁
- ·2 汤匙。切成薄片的葱
- ·1 瓣大蒜，切碎和 3/4 茶匙。姜粉
- ·1/2 茶匙。碎红辣椒片
- ·1/2 茶匙。芝麻油
- ·1/8 茶匙。盐

指示

a) 将椰子油、鱼露、大蒜、生姜、红辣椒片、柠檬汁、大葱、芝麻油和盐搅拌在一起。将鱼放入玻璃盘中,倒入腌料。

b) 盖上盖子冷藏4小时。

c) 预热烤架。将鲑鱼放在烤架上。烤到鱼变软。在烹饪过程中转动一半。

结论

要确定一种食物是否是低脂肪的，人们可以阅读它的营养标签。阅读标签中列出特定值的部分至关重要，因为许多制造商将食品标记为"低脂肪"，尽管它们的脂肪含量相对较高。

一个人可以在他们的饮食中加入的低脂肪食物的例子包括：

- 谷物、谷物和面食产品
- 玉米或全麦玉米饼
- 烤饼干
- 最冷的谷物
- 面条，尤其是全麦面
- 麦片
- 白饭
- 全麦百吉饼
- 英国松饼
- 皮塔饼

www.ingramcontent.com/pod-product-compliance
Lightning Source LLC
Chambersburg PA
CBHW050413120526
44590CB00015B/1945